Doblín Dupliquín

Un Cuento Para Ti De
Big Math for Little Kids® en Español

Carole Greenes   Robert Balfanz   Herbert P. Ginsburg
Ilustrado por John Maddalone

DALE SEYMOUR PUBLICATIONS
Pearson Learning Group

National Science Foundation

This material is based on work supported by the National Science Foundation under Grant No. ESI-9730683. Any opinions, findings, conclusions, or recommendations expressed here are those of the authors and do not necessarily reflect the views of the National Science Foundation.

Copyright © 2004 by Pearson Education, Inc., publishing as Dale Seymour Publications, an imprint of Pearson Learning Group, 299 Jefferson Road, Parsippany, NJ 07054. All rights reserved. No part of this book may be reproduced or transmitted in any form or by any means, electronic or mechanical, including photocopying, recording, or by any information storage and retrieval system, without permission in writing from the publisher. For information regarding permission(s), write to Rights and Permissions Department.

Big Math for Little Kids® en Español is a trademark of Pearson Education, Inc.

Dale Seymour Publications® is a registered trademark of Dale Seymour Publications, Inc.

ISBN 0-7690-3150-1

Printed in the United States of America

2 3 4 5 6 7 8 9 10 11 07 06 05 04

1-800-321-3106
www.pearsonlearning.com

Me llamo Doblín
y también Dupliquín.
Me gusta jugar
el juego de duplicar.
Duplico todas las
cosas que veo.
Ven a jugar conmigo
y te divertirás,
¡así lo creo!

¿Cuántos pandas puedes ver?
¡Cuéntalos y déjame saber!

¡Abracadabra!
Mira lo que hago.
Duplico los pandas,
¡de los dobles soy el mago!
Ahora, ¿cuántos pandas
puedes ver?
¡Cuéntalos y
déjame saber!

¿Cuántos tigres puedes ver? ¡Cuéntalos y déjame saber!

¡Abracadabra!
Mira lo que hago.
Duplico los tigres,
¡de los dobles soy el mago!
Ahora, ¿cuántos tigres
puedes ver?
¡Cuéntalos y
déjame saber!

¿Cuántas focas puedes ver? ¡Cuéntalas y déjame saber!

¡Abracadabra!
Mira lo que hago.
Duplico las focas,
¡de los dobles soy
el mago!
Ahora, ¿cuántas focas
puedes ver?
¡Cuéntalas y
déjame saber!

¿Cuántos camellos puedes ver?
¡Cuéntalos y déjame saber!

¡Abracadabra!
Mira lo que hago.
Duplico los camellos,
¡de los dobles soy el mago!
Ahora, ¿cuántos camellos
puedes ver?
¡Cuéntalos y
déjame saber!

¿Cuántos monitos puedes ver? ¡Cuéntalos y déjame saber!

¡Abracadabra!
Mira lo que hago.
Duplico los monitos,
¡de los dobles soy el mago!
Ahora, ¿cuántos monitos
puedes ver?
¡Cuéntalos y
déjame saber!

Ahora te toca a ti. Juega conmigo esta vez.
Duplica todos los puntos que ves.
Duplica 1 y obtienes _____.
¡Ves qué fácil se doblan todos!

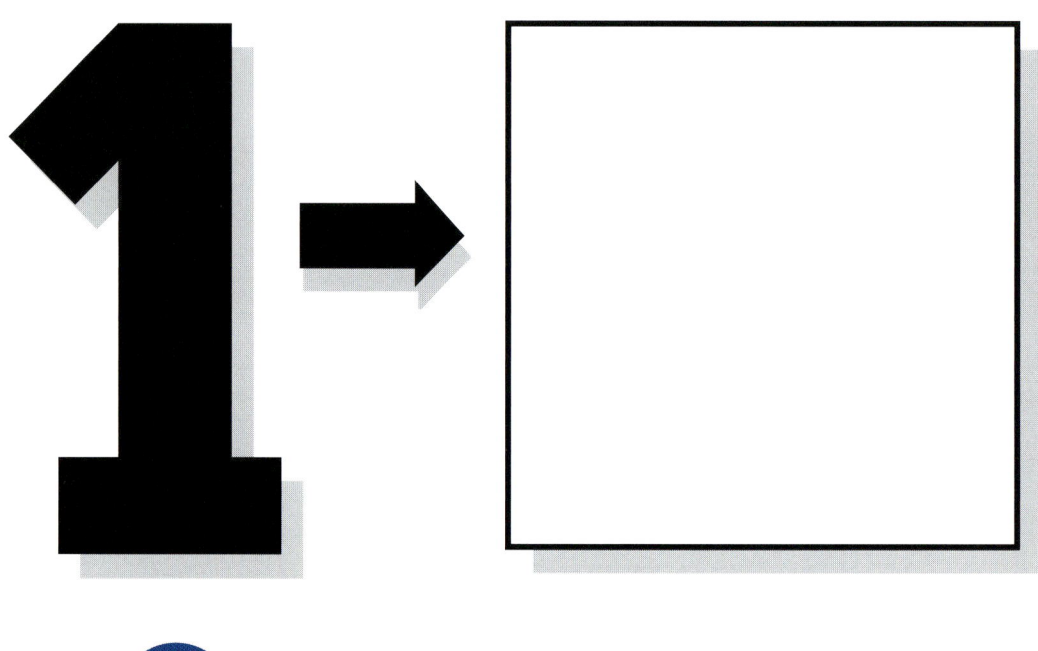

Duplica 2 y _____ obtienes.
No es difícil. ¡Veamos ahora qué viene!

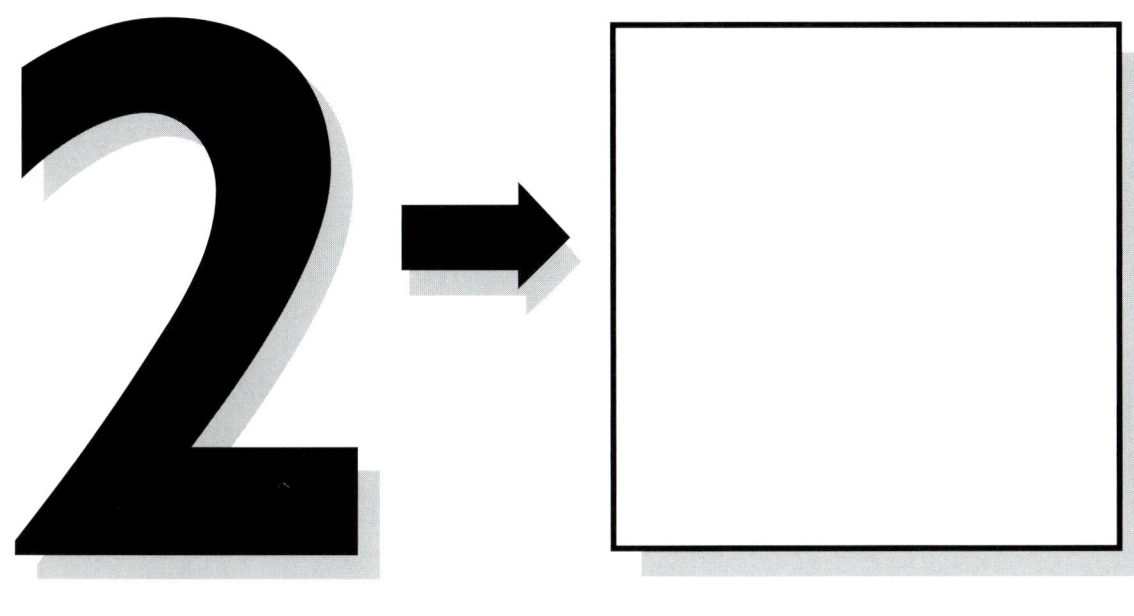

Duplica 3 y obtienes _____.
No hay trucos. ¡Qué fácil es!

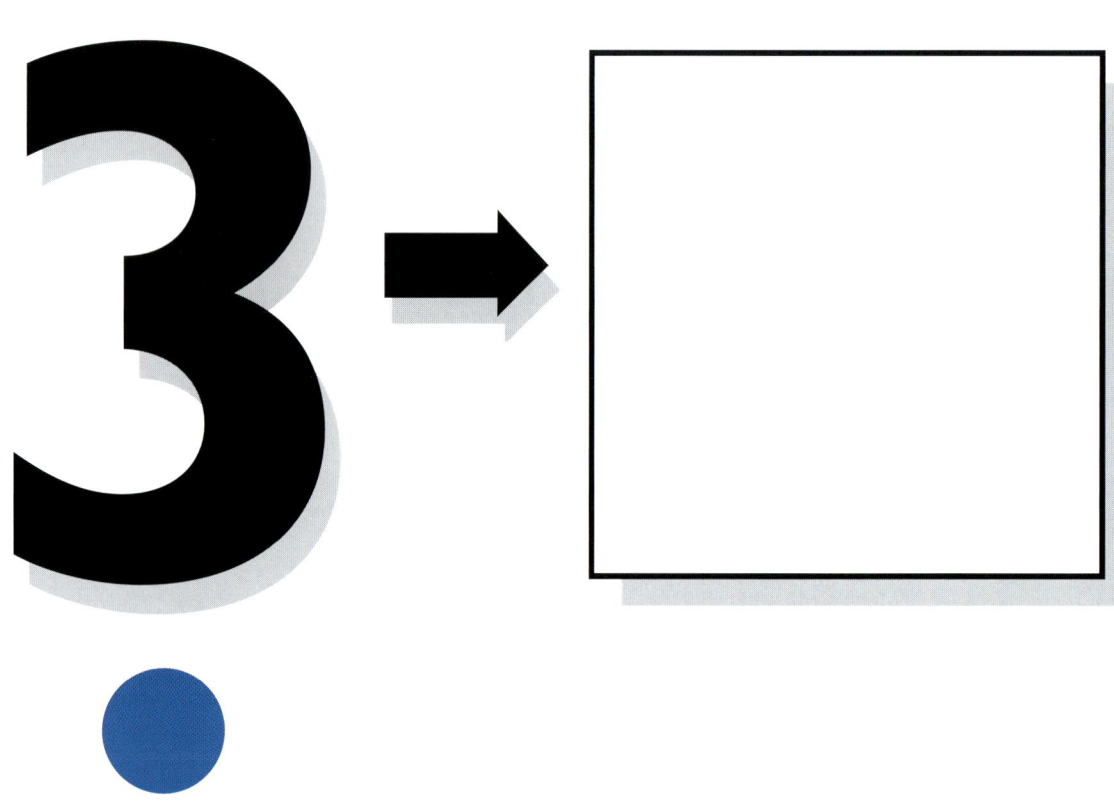

Duplica 4 y _____ obtienes.
¿Será 5 el que ahora viene?

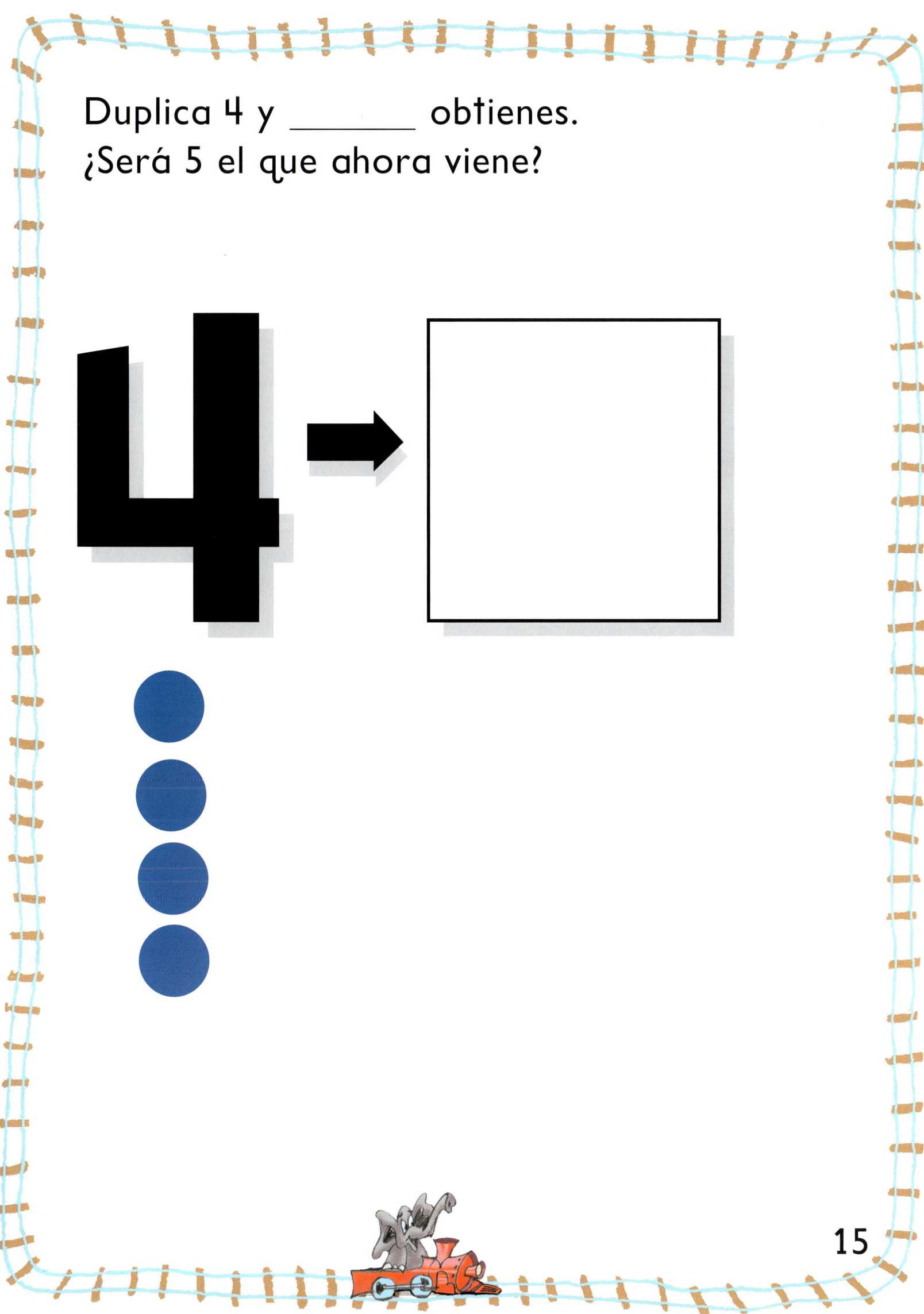

Duplica 5 y obtienes _____.
¡Házlo todo otra vez!

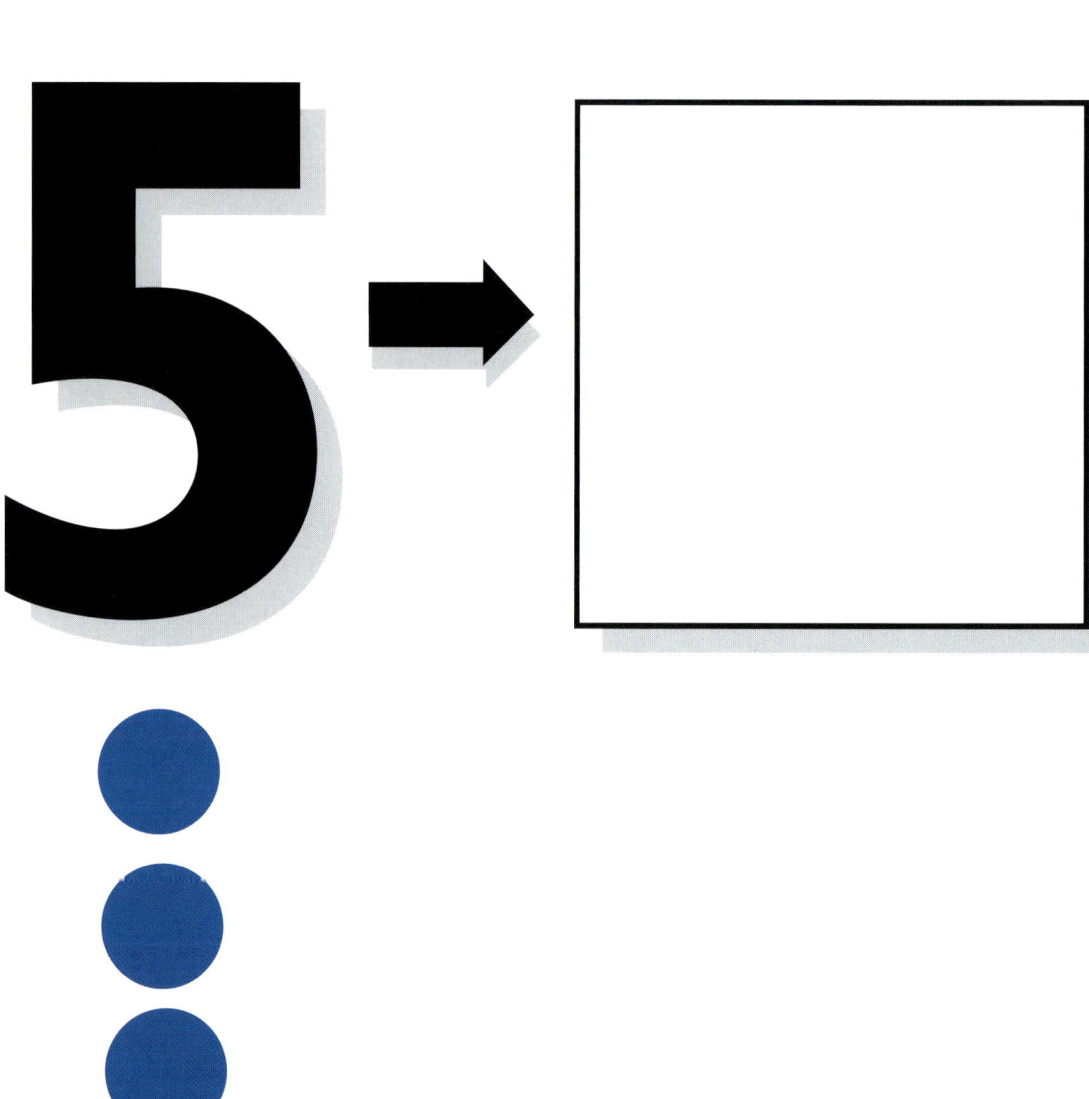

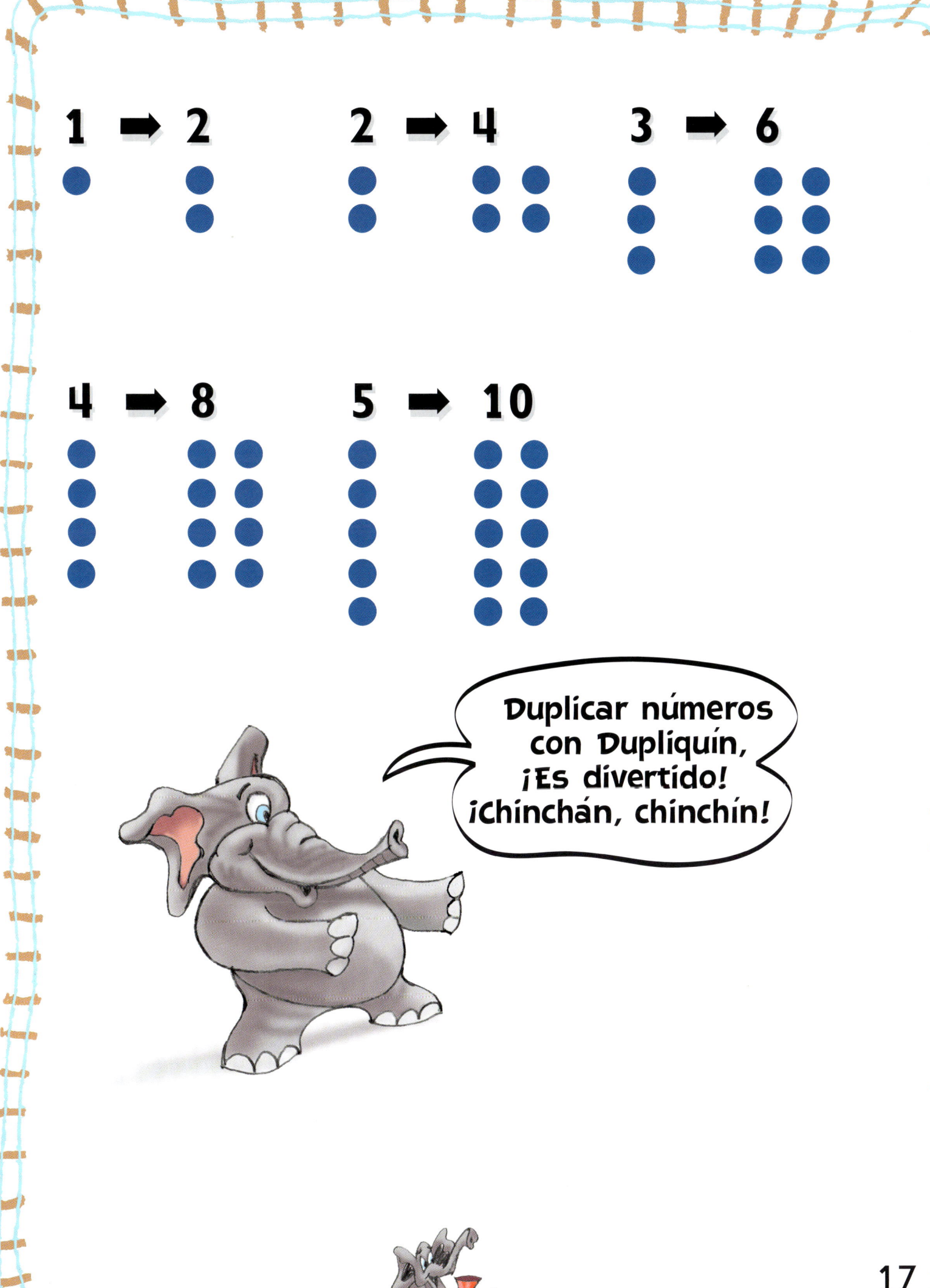

Fin